Singularité

Nathalie Ocleppo

Singularité

Recueil

ISBN : 979-10-377-7171-1

Le bus

Sa présence est une évidence
Son absence une incohérence
Je l'attends chaque matin
Même bus, même heure
Je m'enivre de ses senteurs
Qui flottent ici et là, m'ouvrent
Un chemin parmi la foule
Et me guident jusqu'à elle ;
Et là j'attends
Je me réfugie dans son espace
Pour ne faire qu'un.

Au-delà de l'amour

Par-delà mon corps
Par-delà ton corps
J'irai me perdre loin des sueurs secrètes,
Loin des plaisirs
À renaître.
J'irai me perdre,
Me soûler du vent
De la pluie et du soleil,
Me rouler dans l'herbe.
Plus fort que l'Amour,
Plus fou que nous deux,
J'attendrai
N'importe quand
N'importe comment
Car si tu changes
Je te suivrai
Par peur, par habitude
Ou par pitié.
Mon corps t'appartient,
Laisse-moi rêver,

Attraper le ciel,
Piquer une tête
Dans l'ivresse immuable.

Contradictions

Qu'attends-tu de moi
Pour me serrer si fort ?
Un moment, une seconde
Une éternité ?
Je ne suis plus rien
Mon corps ne m'appartient plus.
Tu m'aimes si fort
Est-ce possible ?
Qu'aimes-tu en moi ?
Es-tu sûr de m'aimer ?
Pardonne-moi de ne pas m'abandonner
Au désir, au plaisir,
J'appartiens au ciel
À la terre et aux eaux profondes
Je n'ai pas besoin d'autre chose,
Je veux rester seule.

Le départ

Écoute-moi dans ce grand silence
Toi qui es en partance...
À ces grands pins suspendus au ciel,
Au soleil

Que rien ne peut déraciner
Que rien ne peut détrôner,
Je ne veux vivre qu'à travers toi
Tes pleurs, tes rires, ta voix

Aux tiédeurs passées
Aux moites voluptés
À cet amour insolite
Aux rêves idylliques

À ces chambres tamisées
Ou je n'osais te regarder
À ces moments divins
Ou je prenais ta main

Écoute-moi dans ce grand silence
Toi qui es en partance
Pars sans un mot
Tu es déjà de trop.

Mourir un peu

S'il faut mourir un peu
Que ce soit par ton jeu
S'il faut mourir un peu
Que ce soit par tes aveux

Si le soleil m'arrache la peau
Si la plaie transperce mes os
Si le vent transporte mes sens
Alors la lune peut nous éclairer

S'il faut mourir un peu
Que ce soit un dernier soir
Un regard fatigué
Une ultime caresse effleurée

S'il faut mourir un peu
Offre-moi encore
Un effort
Un soupir

Et tu pourras t'en aller
Vers d'autres amours
Je pourrai rester pour l'éternité.

Le jeune et l'amour

Parmi les fleurs insouciantes de la jeunesse
Parmi les hommes et les femmes déesses
Semblable à un corps assoiffé d'amour
Persiste l'unique attrait de mes jours

Dans le reflet d'un ami qui part
D'un ami qui n'a pas compris
Je renie mon visage pour n'être que cafard
J'envie les autres quand ils sourient

La jeunesse se prélasse
La mort est dans ma tête
Mon égoïsme se lasse
Frémir appartient aux indécis

Certains souffrent
D'autres meurent
Sans un souffle
En douleur

Parmi les fleurs insolentes de la jeunesse
Parmi les hommes et les femmes déesses
Semblable à un corps assoiffé d'amour
Persiste l'unique attrait de mes jours.

Les petits pas

À petits pas j'arpente les rues
Je traîne ma carcasse
À petits pas je fuis la cohue
Je bouscule mes os fracassés

Ma jeunesse est loin
Un bref soupir
Une pause sur le chemin
Un doux souvenir

À petits pas j'avance
Vers l'inconnu
À petits pas je danse
Vers l'absolu

Et quand la mort me frôlera
Je la reconnaîtrai
À petits pas elle rôdera
À elle je m'en remettrai.

Nous deux

Reste avec moi
Prends-moi la main
Emmène-moi vers demain
N'aie pas peur de moi
J'ai les mains qui tremblent
Les yeux qui s'enfoncent
Mais il me semble
Encore toute ma raison.
Reste avec moi
Je serai ton second souffle
Je te parlerai de notre amour
Celui qui gît
Au fond du tiroir
Sur cette vieille photo jaunie
Que nos petits enfants
De leur sarcasme innocent
Détruisent à petit feu.
Reste avec moi
Comme avant
Simplement

Je te caresserai des yeux
Je te toucherai à fleur de peau
Je te ferai danser.

Les amis

On devient vite amis
Un baiser trop vite volé
Une sortie bien arrosée
En commun des ennemis.

On devient vite amis
Force imaginaire contre l'ennui
L'oubli et la déroute
Coûte que coûte

Quand les problèmes arrivent
Ces amis sont des silhouettes
Inertes, pantins bien-pensants
Qui mènent à la dérive

De la fleur à la mitraille
Ils nous laissent seuls
Et quand vient l'heure des retrouvailles
Ils nous enserrent dans leurs tenailles.

Rêves

Aujourd'hui tout comme un autre jour
Il faut se réveiller, s'arracher de ses rêves
Aujourd'hui tout comme hier
S'accorder peut-être une trêve

S'habiller d'un sourire baladin,
Cacher ses cicatrices, jouer au plus malin,
Marcher vers des lieux ordinaires,
Monter des marches qui ne servent à rien

D'un bout de ciel se satisfaire
Écouter des voix qui ne rassurent pas
Dormir d'un sommeil lourd
Inventer des pas

Courir dans les champs de blé
Gravir les plus hauts sommets
S'éblouir de merveilles
Jusqu'au réveil.

Voyage

Drôle de nuit sur fond tamisé
Drôle d'hôtel polyglotte
Drôle de chambre suintante
Drôle de matelas couleur mélasse

Il fait chaud à ne pas pouvoir dormir
À ne pas pouvoir crier
À pâlir à finir à mourir

Drôle de ville à odeur d'acide
Drôles de rues à angles aiguisés
Drôle de foule pressée
Drôles de couleurs humides

Drôles de maison bleu-écru
Drôle de chambre étoilée
Drôle de couloir aux sons ouatés
Drôles de femmes au regard perdu

Il fait chaud à ne pas pouvoir dormir
À ne pas pouvoir crier
À pâlir, à finir et à mourir.

Liberté

Prise en flagrant délit d'évasion
Derrière une porte nommée prison
Laissée là depuis si longtemps
Flétrie par le temps

La femme allait ici et là
De mur en mur, de haut en bas
Et le temps s'en allait
Et les hommes s'en moquaient

Laissée là depuis si longtemps
Déchiquetée par le vent
La femme pleurait des larmes lourdes
Le néant lui répondait d'un bruit sourd

Courir, courir, courir
Partir, partir, partir
Un doux délire
Ébauche d'un sourire

Prise en flagrant délit d'évasion
Derrière une porte nommée prison
Laissée là depuis si longtemps
Flétrie par le temps.

Solitude

Il prie parce qu'il a horreur du silence
Même si ses mots sont des fumées de fer
Même s'il en oublie les vertus humanitaires
Il prie parce qu'il a horreur du silence
Et absence en absence,
D'oubli en oubli
D'espoir en espoir,
Il poursuit sa vie le long du trottoir.
Des hommes s'esclaffent, se déchirent,
Des jeunes soupirent,
Il passe les yeux baissés.
Il prie parce qu'il a horreur du silence
Le soir quand vient la trêve
Quand les autres guidés par leurs rêves
Brillent par leur absence
Et de soupir en soupir,
De larme en larme
De lueur en lueur
Il parle à son cœur.
Son Dieu ne répond pas

Son Dieu l'écoute.
Il prie parce qu'il a horreur du silence
Assez fort pour qu'il s'imagine apôtre
Et de souffrance en souffrance,
Toujours vers un autre silence.

Dépression

Tu me montres les beautés du monde
Je te parle de cette société immonde,
Tu me dis de bouger
Je me sens glisser,
Tu me dis de faire des efforts
Pas d'envie, pas d'entrain,
Tu me prouves le bien-fondé de ma vie
Tout n'est que remords et culpabilité,
Tu me dis que je suis indispensable
Je dérange et ferai mieux de m'éclipser.
Je ne sais plus nager
Mon corps est si lourd
Mes membres désaxés
Ma tête joue des tours.
Ne me brusque pas
Ne m'oublie pas
Comble les vides
Répare les incohérences.

Idées noires

Une balade où personne ne se connaît
Un manège où personne se croise
La vie qui emmène plus loin
La mort qui ronge toujours plus fort.

Retomber sans cesse au même point
Un seul sens pour avancer
Pas de retour en arrière possible
Pour profiter de ses maladresses

Pas de nouvelle chance
Une simple et douloureuse errance
Vers un inconnu perdu d'avance
Vers un avenir décadent

Un présent étouffé par l'ordinaire
Atrophié par les secondes qui s'égrènent
Réparé pour endurer
Préserver pour briller.

Un espoir maladroit
Qui pousse incrédule
Vers de bas horizons
D’anciennes tentations

Un renouveau façonné,
Avorté, morcelé,
Parsemé d’embûches
Pétri dans l’acier.

Identité

C'est comme un trousseau de clés
Que je ne pourrai jamais posséder
Qui suis-je ?
Pourquoi ne pas exister, avancer ?
Est-ce bien moi qui respire ?
Est-ce bien moi qui souris
Qui souffre et qui gémit ?
Est-ce mon ombre
Qui marche à mes côtés ?
Est-ce moi que tu aimes ?
N'est-ce pas le moment
De m'écouter respirer, vivre
Me laisser aller
Aux bruissements de la vie ?

Intérieur

D’où vient cette immense détresse
Qui m’envahit, ce sentiment
D’absurdité, de faiblesse
À parler, à écouter les gens ?

Ma souffrance, ma brûlure
Plaie béante
Douleur lancinante
Qui fragilise et dure

Mes yeux embués
N’osent plus vous regarder
Tout disparaît
Dans ce brouillard épais

Je me demande qui je suis
Je m’émiette dans l’espace
Les bruits m’envahissent
Je cherche ma trace

D’un regard, d’un toucher
Je vais me rassembler
Croire en l’unité
Et enfin vous écoutez.

L’absence

Tu as beau faire
Tu as beau dire
Je ne suis pas là.
Tu peux gesticuler
Tu peux jongler avec les mots
Je ne suis pas là.
Tu peux te plier en quatre
Me cerner de toute part
Je ne suis pas là.
Et quand bien même je tomberai
Dans tes serres ou me laisserai aller
Au gré d’une passion éphémère
Je ne serai pas là.
Je vis à côté de toi
Loin et si proche
Et quand bien même il faudrait
Prouver que je t’aime
Alors de tout mon corps
J’en souris encore.

L'absence

Le jardin

Prends le bonheur dans tes mains
Ramassé là au cœur d'un baiser volé
Goutte à goutte partout dans mon jardin
Au milieu des fleurs enlacées

Toi qui as tant pleuré en silence
Souris, écoute tes sens
Butiner les saveurs de la vie
Au gré des doutes et des envies

D'autres que toi mentiront
Passerons leur tour
Bois avec allégresse
Et sagesse

Prends le bonheur comme il vient
Ramassé là au cœur de mon jardin
Goutte à goutte partout sur mon corps
Laissé au jeu du vent et de l'aurore.

Le jardin

Vivre

Et ne vivre que pour un regard
Se coucher tard par peur de l'oubli
Se sentir vieillir à chaque cri.
Et ne vivre que pour un regard
Qui devient sourire
S'étend le long du corps
Perce la peau, détruit les remords
Réinvente le temps qui se met à pâlir.
Et ne vivre que pour voir les autres vivre
Se mentir à soi-même pour faire bien
Être honteux et puis vivre
Vivre pour attendre demain
Un demain qui glisse entre les doigts
Se brise sur les flots d'un pleur
Casse les rêves, fissure la foi
Puis retrouve une autre heure.
Et ne vivre que pour vivre
Simplement vivre.

Spleen

Je n'ai rien à dire,
Je m'ennuie,
Je laisse filer mes songes et mes dires
Jusqu'à la nuit

Les murs sont froids,
Une fois attisé, leur feu
Brûle de bassesse et d'effroi
Je suis si peu.

Tout est paradoxal
Je ne sais pas m'amuser
Je ne fais que parader
Par peur que l'on me dévoile

Alors prise d'un dégoût solitaire
J'ai envie de m'extraire
De me jeter à terre
De fuir.

Je n’ai rien à dire
Je m’ennuie
Je pars vers l’infini
Pour le meilleur et le pire.

Les portes battantes

Les portes battantes facilitent le passage
Entre deux territoires différents,
Elles offrent l’avantage
De ne pas être totalement fermées.
L’effort physique est peu intense
Mais le mouvement est subtil ;
Jamais vraiment immobile
Il faut avec prudence
Amortir la porte tout en exerçant
Une légère poussée.
Le risque de prendre la porte dans la figure est majoré
Si quelqu’un est passé avant.
Une fois de l’autre côté
Libre à vous de retenir la porte poliment
Ou de la laisser s’agiter.
La vie est une succession de portes battantes
Que l’on ose pousser ou pas
Des risques calculés parfois sournois
Jouer au plus malin
Avec son prochain
Ou suivre son chemin.

Ma campagne

Après l'orage, après la pluie pernicieuse
J'enfile mes bottes boueuses
Pour sauter dans les flaques d'eau
Sur les chemins cahoteux

Il règne une senteur boisée
Mêlée à la sueur de la terre, des groseilles
Et des bolets, la nature s'éveille
Une douce chaleur moite m'inonde

La luminosité scintille, s'accroche
À l'arc en ciel, cloche protectrice
Une route à suivre
À travers bois et prés

Les limaces sortent de leur cachette
Elles luisent au soleil, moelleuses
Et gluantes elles s'étirent laissant
Derrière elles une bave blanchâtre

Au loin le tonnerre gronde
Les chiens aboient
La scierie redémarre et les tracteurs
Reprennent leur ronde

La vie dans sa splendeur et ses frilosités
S'engouffre dans tous mes sens
Je frémis au moindre bruit
L'été me paraît moins lourd

Ta peau perlante chaude et sucrée
Appelle à un nouveau jour
À un amour soudainement possible
Loin des tumultes sous un ciel nacré.

Légèreté

Je prends le temps d'écouter le vent dans les arbres
Je prends le temps d'écouter les oiseaux chanter
Les hommes sont ici et là, silhouettes éparses
Qui se déplacent furtivement

J'entends mes pas sur le bitume
Je touche ma respiration souffle après souffle
Mon cœur marque le tempo d'un bruit sourd
Ma vie est légère comme une plume

Ambivalence, prise de conscience ironique
De la fragilité de cette vie
D'un passé si futile
Ou l'autre n'est pas indispensable en soi.

Je me sens happée par la nature insolente
Tout autour de moi, comble les trous,
Apaise les angoisses, s'impose
Comme une dame divine

Je bois les sons et les couleurs
Je me plonge en elle
Et ses splendeurs
Je lui demande pardon

Je prends le temps de vivre,
Sortir de cette torpeur tourbillonnante
Ou tout va trop vite où tout se perd
Cette société qui isole

J'ai le sentiment d'exister, de me sentir
Un chemin à explorer intemporel
Neuf, ondulé et doux
Comme la mousse sur la pierre.

À ceux qui doutent

Au fil du temps,
J'ai dessiné mon enfance pour ne pas l'oublier
J'ai troqué l'insouciance pour la tolérance
J'ai changé l'absence en espérance
J'ai arrondi les angles pour mieux accepter
J'ai fait le dos rond pour mieux supporter
J'ai appris à rire des choses futiles
Je me suis blindée contre les moments difficiles.
Petit à petit
Je me suis perdue
J'égare mon âme d'enfant
Comme l'on perd son trousseau de clés
Sans cesse disparu puis retrouvé.
Fatiguée de cette comédie
Je fais machine arrière
Pour me retrouver enfin
Avec mes doutes, mes certitudes
Mes combats sans relâche
Mes victoires, mes déceptions
Mes repos et mes colères.

À présent
Je me sens vivre
Fragile mais vivante
À l'écoute de tous mes sens
J'accepte ce que je suis
Apaisée je peux vous faire face
Vous regarder, parler, vous écouter
Les choses sont à leur place.

La rencontre

Je n'ose vous regarder, vous parler
Vous volez mes pensées
M'enfermez dans votre réseau
Anéantissez mon identité
Vous me ciblez de toute part
Je me recroqueville
Je vous imagine en pause
Ou sur le départ
Derrière mes remparts
J'ai le cœur en étendard
La tête percutée
Le corps dédoublé
Je m'enfuis
Je me désagrège
Tout est en vrac
À contre sens
Je rêve d'une simple rencontre
Vous parler de ce drôle de monde
Et respirer enfin
Simplement.

La « petite » école

De cette cour d'école je me souviens des pleurs et des rires
Un monde étrange où les enfants peuvent être roi voleur ou gendarme
D'une lutte précoce pour la survie afin d'affronter les sarcasmes
Et la rudesse de cet environnement obligatoire
Ici j'ai côtoyé la solitude paralysée par cette fourmilière caquetante
Qui me plongeait dans une profonde dépression
J'ai connu la froideur des bancs en pierre, l'obscurité des préaux
Les toilettes qui ne fermaient pas, les cabinets à la turque dans lesquels
Nous pouvions disparaître à jamais, les tourniquets grinçants qui faisaient tournoyer la tête jusqu'au vomissement.
La récréation ressemblait à la promenade du prisonnier où il faut tout faire en un minimum de

temps avant de rejoindre un espace clos privé de liberté

J'imaginais courir sans cesse, le visage fouetté par une douce bise, la nature autour de moi comme une immense richesse, j'ai fait une multitude de tentatives d'évasion sans succès, collée à ma chaise comme la glue sur le béton.

Je n'ai pas eu de premier amour, ni de meilleure copine ni de maîtresse adorée

Je partais au combat chaque matin, sans arme ni armure, je faisais parfois partie

De bandes éphémères qui laissaient croire à un certain pouvoir, une liberté fictive

J'ai beaucoup de souvenirs de cette période alors qu'elle ne m'a pas particulièrement marquée par des moments chaleureux, je passais d'activité en activité sans trop comprendre pourquoi, le rythme était plutôt militaire sans laisser de place à la rêverie. Il fallait écouter, lire, écrire, compter, chanter, réciter et dormir puis recommencer le lendemain.

Je me souviens de cette sonnerie qui beuglait rythmant les récréations et la fin de l'école et ma mère qui me demandait inlassablement ce que j'avais fait aujourd'hui et moi qui répondais avec béatitude que j'avais tout oublié. Et les choses allaient ainsi...

Table des matières

Le bus 7
Au-delà de l'amour 9
Contradictions 11
Le départ 13
Mourir un peu 15
Le jeune et l'amour 17
Les petits pas 19
Nous deux 21
Les amis 23
Rêves 25
Voyage 27
Liberté 29
Solitude 31
Dépression 33
Idées noires 35
Identité 37
Intérieur 39
L'absence 41
Le jardin 43

Vivre 45
Spleen 47
Les portes battantes 49
Ma campagne 51
Légèreté 53
À ceux qui doutent 55
La rencontre 57
La « petite » école 59

Imprimé en Allemagne
Achevé d'imprimer en septembre 2022
Dépôt légal : septembre 2022

Pour

Le Lys Bleu Éditions
40, rue du Louvre
75001 Paris

www.ingramcontent.com/pod-product-compliance
Lightning Source LLC
LaVergne TN
LVHW050344160826
845677LV00014B/3783

* 9 7 9 1 0 3 7 7 7 1 7 1 1 *